LA

MARQUISE DE MUN

PAR

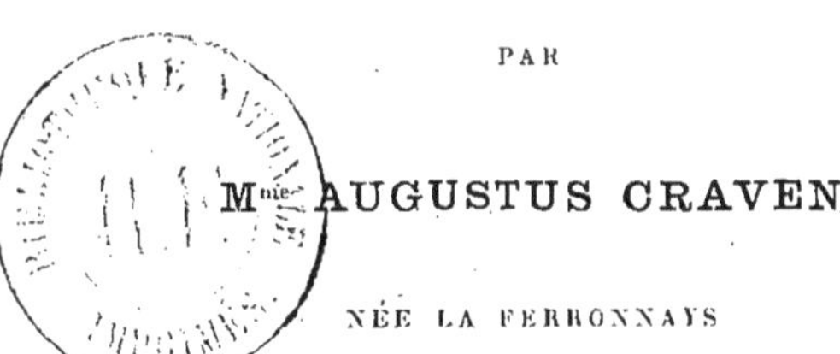

Mme AUGUSTUS CRAVEN

NÉE LA FERRONNAYS

PARIS

LIBRAIRIE ACADÉMIQUE

DIDIER ET Cie, LIBRAIRES-ÉDITEURS

QUAI DES AUGUSTINS, 35

—

1877

LA

MARQUISE DE MUN

A. Quantin imprimeur
S. Benoît, 7 à Paris

LA

MARQUISE DE MUN

PAR

Mme AUGUSTUS CRAVEN

NÉE LA FERRONNAYS

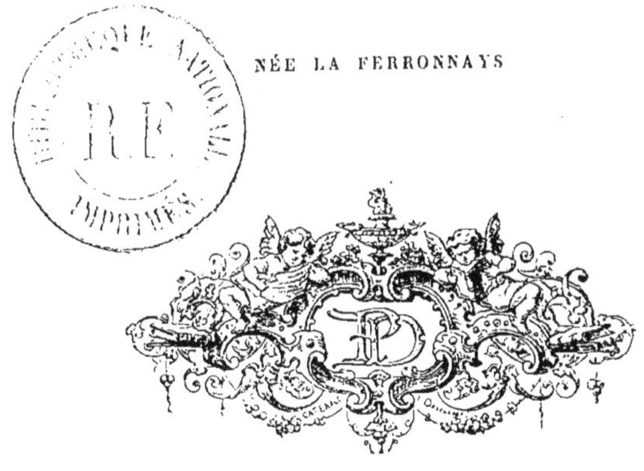

PARIS

LIBRAIRIE ACADÉMIQUE

DIDIER ET Cie, LIBRAIRES-ÉDITEURS

QUAI DES AUGUSTINS, 35

1877

LA MARQUISE DE MUN

Le temps ne console pas : sa durée, quelque longue qu'elle soit, ne parvient pas à effacer du cœur ce que la douleur y a une fois gravé à une grande profondeur. Mais le temps apaise et transforme tout ce que la faiblesse humaine ajoute à l'épreuve divine. L'ineffaçable souvenir du bonheur perdu demeure à jamais, ainsi que celui du terrible jour qui le brisa ; mais peu à peu la souffrance aiguë, qui est l'effet d'un douloureux et trop naturel retour sur soi-même (souffrance qui chez quelques-uns persiste et s'aigrit aux dépens du bonheur des autres tandis que, chez de plus courageux, elle s'efface et ne déchire que le cœur qui l'endure), cette souffrance, que l'on peut nommer celle de la *plaie vive*, selon les desseins de Dieu, le temps peut la modifier et peut même la guérir.

On voit alors les choses dans la grande lumière de la vérité, telles qu'elles sont, et on cesse d'attribuer aux âmes que l'espérance et la foi nous permettent de croire bienheureuses les sentiments, les regrets, les jalousies de la terre. On cesse de les éprouver pour elles. On se les représente souriant au ciel, d'une peine qui sur terre avait ému et troublé votre cœur, et transformant cette peine en joie pour ce même cœur tout rempli de leur souvenir.

Cette transformation, elle s'est opérée en moi. Après avoir beaucoup pleuré, naguère, lorsqu'une autre vint ici-bas occuper la place d'une sœur bien-aimée, j'appris, peu à peu, à chérir celle qui avait fait couler mes larmes, à être heureuse de son bonheur, à en bénir le Ciel comme de l'une des joies de ma propre vie, et sa mort, aujourd'hui, retentit si péniblement dans mon cœur, qu'elle y réveille les échos les plus chers et les plus douloureux du passé.

Ces mots en disent déjà beaucoup. Je veux pourtant en dire davantage, car il me semble qu'en cette circonstance, mes regrets et ma douleur ont une signification qui honore d'une façon particulière la mémoire de celle qui les inspire. C'est pourquoi entre tous ceux qui pleurent Claire de Mun, et qui, mieux que moi peut-être, auraient su parler d'elle, j'ai osé réclamer le droit de venir ici lui rendre ce tendre et dernier hommage.

I.

Il y a vingt-neuf ans le bonheur, banni d'un foyer que des douleurs successives avaient dévasté, revint non-seulement le visiter mais s'y asseoir. Le jeune survivant de tous ceux qu'il avait aimés, semblait jusque-là voué au malheur. Mais Dieu voulait reconstruire sa vie et il voulait la rendre belle et heureuse. Heureuse (disons-le même aujourd'hui) entre celles des plus heureux de ce monde.

Traverser, en effet, de longues années ensemble en s'aimant toujours davantage, voir grandir autour de soi tous ses enfants, chacun avec le temps apportant une part nouvelle de jouissance et de tendresse, les voir réussir dans la vie, réaliser toutes les espérances, et même les dépasser; à cela, joindre les amis.

la fortune, le goût et la volonté du bien avec les moyens de l'accomplir ; posséder, en outre, des talents rares et charmants, aimer tout ce qui est noble, intéressant, élevé ; jouir par l'intelligence, autant que par le cœur et par l'âme : c'est là assurément une vie que Dieu ne donne pas à tous, et dont, plus rarement encore, il accorde la faveur de jouir pendant de longues années, sans interruption, sans ombre, sans nuages.

Telle fut ici-bas la part de Claire et d'Adrien de Mun. Assurément elle a été belle. Mais il faudrait prétendre qu'à un jour donné le cœur humain dit : « C'est assez ! » et n'a plus soif de bonheur, pour ne pas sentir que le temps lui-même amène un déchirement que sa durée ne fait qu'aggraver, et qu'à les regarder humainement, les années, les jours, les heures du plus heureux passé ne ressemblent plus, lorsque le terme en est atteint, qu'à des trésors amoncelés sur un bûcher, où la flamme terrible et impitoyable les consume et les détruit tous en une heure !

Humainement parlant : oui, voilà le bonheur de la terre ! « Oui, voilà le prix fatal dont il faut payer la possession passagère des biens de ce monde ; et les plus rares et les plus exquis d'entre eux sont précisément ceux qui laissent après eux en s'enfuyant les cœurs les plus blessés et les plus meurtris de tous[1]. » Hélas ! en écrivant ces lignes j'étais loin de prévoir que j'en verrais bientôt près de moi une nouvelle et funeste réalisation !

Mais s'il est vrai que l'amertume de cette heure (fût-elle retardée jusqu'à l'extrême limite de l'âge) ne ferait avec le temps que s'accroître ; s'il est vrai que de si pures et de si nobles joies ne peuvent s'évanouir sans laisser après elles de douloureuses ténèbres ; *pour les chrétiens* cependant, hâtons-nous de l'affirmer, ces ténèbres deviennent souvent divinement lumineuses.

Cette lumière consolante et surnaturelle, comment donc ne pas l'attendre avec confiance en songeant à une famille où tous sont dignes de ce grand nom ? en songeant surtout à celle qui leur apprit à le porter, et dont les paroles et l'exemple gravèrent si profondément dans leurs âmes ce signe sacré de la croix, qui est aussi celui de l'espérance ?

1. Sœur Nathalie Narischkine.

II

S'il me fallait définir d'un seul mot ce qui domina l'existence tout entière de Claire de Mun, je dirais : « c'est sa conscience. » Certes son intelligence était remarquable, ses affections ardentes, ses opinions vives, ses aptitudes prononcées. Mais, avant tout, reconnaître ce qui était bien, et l'accomplir sans délai, sans hésitation, non-seulement le mieux possible, mais avec une sorte de passion, telle fut la base solide et divine de ses vertus et de ses hautes et rares qualités.

Il est superflu de dire que cette conscience droite et délicate avait été vivifiée et éclairée dès son enfance par la piété la plus ardente et par la pratique la plus exacte de tous les devoirs de la vie chrétienne. Son âme ainsi fortifiée, et pour ainsi dire possédée par le bien, sa vive imagination et son intelligence supérieure purent se développer à leur aise et sans danger. L'équilibre entre ses facultés et ses penchants naturels fut toujours maintenu, et bientôt les unes et les autres s'appliquèrent à l'étude et aux arts, pour lesquels elle avait reçu du ciel des dons que le travail assidu et l'application, dont elle était capable au dernier point, devaient développer plus tard dans toute leur étendue. Mais ni les arts, ni les études, ni la lecture, dont elle avait la passion, ne faisaient taire un seul instant cette voix qui parlait si hautement dans son âme. Vers l'âge de quinze ans, elle avait pris tant de plaisir à la lecture de quelques romans anglais, qu'elle disait à ce sujet, « que si on l'avait enfermée dans une tour où elle n'eût vu le jour que par en haut, mais où elle aurait pu lire les livres qu'elle aimait tant, elle se fût trouvée heureuse et n'eût jamais désiré la quitter. » On lui représenta que cette passion était trop vive, que cette habitude pouvait devenir dangereuse. Elle le comprit dès qu'on le lui fit remarquer, et alors, quelle que fût l'étendue du sacrifice qu'elle s'imposa, elle renonça sans hésiter à ses lectures favorites, et de longues années s'écoulèrent avant qu'elle se permît d'enfreindre la loi qu'elle s'était imposée à cette époque, et dont, par le fait, elle ne se départit jamais qu'à de très-rares exceptions.

A une conscience aussi ferme, à une âme ainsi fortifiée et trempée, la vie, quel qu'eût été son sort, n'eût point offert de piéges ou de dangers, et le devoir, se fût-il présenté à elle sous un aspect austère et difficile, eût été scrupuleusement accompli. Mais elle n'eut point d'épreuve de cette sorte à subir. Dieu lui destinait pour époux celui de tous les hommes qui pouvait le plus complétement satisfaire son cœur, son âme, son caractère et ses goûts, et elle devait connaître dans la vie conjugale cette harmonie rare et complète qui s'augmente avec le temps, que l'habitude fortifie et qui finit par identifier tellement l'existence de l'un avec celle de l'autre, que le battement d'un seul cœur semble les animer toutes les deux. A côté de ces grandes conditions, si rares et si essentielles au bonheur, le leur se composait encore de mille autres choses insuffisantes à le produire seules, mais qui, lorsqu'elles manquent, le laissent incomplet. L'esprit, la douce égalité du caractère, la gaieté mêlée au sérieux pour tout ce qui en réclame, le goût des arts chez tous les deux, remplissant leurs journées d'occupations attrayantes partagées ensemble et leur donnant le même intérêt pour une foule de sujets divers, tandis que le travail assidu embellissait leur vie et portait le talent de Claire pour la peinture à un degré de perfection rarement atteint par un amateur... Que de pures jouissances! que de douces habitudes auxquelles, hélas! je n'ose reporter ma pensée dans ces jours de douleur, et que de petits liens, mille fois enlacés, il faut briser encore, même après que le cœur est brisé!

Mais, ce qu'il faut dire et ce que je veux surtout rappeler ici, c'est que, si au début de cette vie heureuse, Claire eût été moins noble, moins généreuse, moins dévouée, les longues années de bonheur qui l'attendaient eussent été peut-être moins sereines et moins douces.

A l'entrée de cette existence nouvelle, elle rencontrait, en effet, deux difficultés : le nom qu'elle allait prendre (qu'il me soit permis de le dire), réveillait un souvenir si exceptionnel et si doux, qu'il n'était pas de ceux que le temps affaiblit ou efface. Elle allait ensuite devenir la mère de deux enfants dont l'aîné avait à peine neuf ans de moins qu'elle-même.

Beaucoup de femmes, en pareil cas, ont hésité, ou, en accomplissant leur devoir, ont laissé entrevoir l'effort qu'il leur coûtait. La manière dont Mme de Mun envisagea ce devoir et ce que son cœur lui dicta pour l'accomplir, tous ont pu en juger; mais qui pourrait le dire, hormis ceux qui furent les objets de ce dévouement maternel, ceux, que, dès le premier jour, elle adopta si tendrement et si complétement que le souvenir de la mère qu'ils n'avaient point connue aurait pu en être effacé, si Claire *elle-même* n'eût pris soin de tenir sans cesse présente devant leurs yeux cette image charmante et chérie ? Elle aimait à rappeler l'impression qu'avait produite sur elle, dans sa propre enfance, celle qu'elle remplaçait auprès d'eux aujourd'hui. Un soir, racontait-elle, où, à l'âge de huit ans, elle se trouvait à Lumigny avec ses parents, Eugénie (la jeune comtesse de Mun, mariée alors depuis peu) était entrée doucement dans sa chambre, pour s'assurer qu'il ne lui manquait rien. Claire était dans son lit, mais elle ne dormait pas. Elle la vit s'approcher d'elle pour la regarder et l'embrasser, et les années n'avaient pas effacé de sa mémoire le souvenir de ce regard, et de ce beau visage penché sur le sien... Eugénie était loin de prévoir alors que, dix ans plus tard, l'enfant qu'elle embrassait ainsi deviendrait la gardienne de ce qu'elle avait de plus cher au monde. Mais, l'eût-elle prévu, l'avenir tout entier lui eût-il été dévoilé, ce baiser n'eût point été moins tendre !

Aujourd'hui... elles se sont embrassées dans l'Éternité! et là où toutes les pures affections de la terre vivent dans l'amour de Dieu, sans jamais se combattre et sans jamais mourir, peut-être savent-elles ce que les prières de l'une ont ajouté au bonheur et aux grâces de l'autre, dès cette vie et au delà de la vie!

III

Ce ne fut cependant qu'au bout de sept ans que je vins reprendre auprès du foyer de Lumigny la place qui m'y avait été fidèlement et fraternellement gardée. Oublierai-je jamais la tendre cordialité qui m'y accueillit et ce sourire et cet accent qui, plus encore que les paroles, donnaient au mot bienvenue un sens particulier et ne laissaient plus subsister dans l'esprit ni un doute ni une inquiétude !

A dater de ce jour, peu d'années s'écouleront sans m'y ramener. Le château était redevenu vivant et peuplé. La famille tout entière se composait maintenant de trois fils et de trois filles. Mais Claire était demeurée la même pour ceux qu'elle nommait ses *fils aînés*. En la voyant au milieu de tous ses enfants, il était permis de se demander si, même au fond de son cœur, sa tendresse distinguait les premiers de ceux qu'elle avait mis au monde.

Le temps n'y changea rien : sa sollicitude veilla sur leur jeunesse, comme elle avait veillé sur leur enfance, et elle vit s'accomplir pour eux les vœux les plus chers de leur mère : *Qu'ils soient bons et chrétiens, ou que Dieu me les enlève dans leur berceau.* Telle avait été sa prière, qu'une autre mère se chargea de réaliser!

Qui donc ne concevrait maintenant la douceur pour moi d'un séjour où les plus tristes et les plus tendres souvenirs du passé se confondaient et se mélangeaient, pour ainsi dire, dans le présent, avec tant d'affections nouvelles. Ceux qui grandissaient dans ce château n'admettaient pas qu'un lien moins étroit pût m'attacher à eux qu'à leurs frères aînés, et ma tendresse, en effet, les confondit bientôt tous ensemble ; mais le temps et l'éducation ajoutèrent au charme de ces affections l'intérêt qu'inspire la jeunesse, lorsque sous une main habile et douce, elle se développe et grandit dans toutes les directions du bien. Jamais mère ne sut inspirer à ses enfants, avec une tendresse aussi grande et une confiance aussi illimitée, une plus vive crainte d'enfreindre les lois qu'elle avait une fois posées. Pour le travail, tout comme pour la piété, cette conscience maternelle, si pure et si droite, savait non-seulement ne fléchir jamais, elle savait, ce qui est plus rare et meilleur, se communiquer à celles qu'elle voulait guider, et leur apprendre à se guider elles-mêmes. Aussi était-elle obéie, absente ou présente, et tout marchait harmonieusement dans la vie chrétienne comme dans la vie intellectuelle de ses filles.

L'aptitude pour les arts (qu'elles possédaient toutes, comme un héritage de famille), fut cultivée à son heure, mais là encore se retrouva cette sage et forte influence qui ne permettait pas qu'on fît rien à demi, et surtout qui voulait, avant le talent qui fait briller, développer l'amour du travail qui fait étudier, et l'indomptable persévérance qui fait réussir.

Je revois, en écrivant ces lignes, ces salons et ces vestibules transformés en ateliers. J'entends cette musique qui réunissait autour du piano ceux qui n'étaient pas absorbés par le dessin ou par la lecture. Je les entends aussi, ces conversations qui égayaient tous les repas et animaient toutes les soirées. Conversations interminables, inépuisables, vives parfois jusqu'à l'excès, mais où étincelaient toujours l'esprit, la bonne humeur, et cette gaieté cordiale et communicative qui semblait être chez tous une sorte d'épanouissement extérieur du bonheur sérieux et profond qui remplissait leur vie!

Mais pendant ces discussions si vives, et auxquelles elle prenait un intérêt si ardent, qui se souvient d'avoir jamais entendu Claire dire un seul mot qui pût offenser ou blesser personne? Quand lui vit-on la moindre rancune des paroles qui, dans la chaleur de la dispute, échappaient aux autres, et auxquelles son esprit et sa parfaite douceur donnaient leur sens véritable, avant qu'on eût le temps de le lui expliquer? Qui n'a souvent remarqué avec quel tact, quelle promptitude, quelle grâce elle savait, pour ainsi dire, saisir au passage un trait trop acéré, lancé autour d'elle, pour en atténuer l'effet, et l'empêcher de parvenir à celui auquel il était adressé!

Puis enfin, lorsque la soirée se terminait par une lecture (dont on me chargeait souvent) et que tous dessinaient ou travaillaient autour de la table, elle prenait alors sa place dans ce grand fauteuil près de la cheminée où ma pensée la cherche encore, et elle écoutait avec cette attention bienveillante et sympathique que n'oubliera certes jamais celle qui en fut si souvent l'objet. Parfois elle interrompait la lecture par des réflexions toujours justes, vraies, souvent profondes, car, en littérature comme en peinture, elle possédait le don de la couleur et de la forme, et avait, de plus, le sens profond de tout ce qui pouvait réveiller dans les âmes la foi et l'amour de Dieu, dont la sienne était pénétrée, et qu'elle aurait voulu communiquer à l'univers tout entier.

Que de fois je me suis reposée dans cette douce atmosphère de bonheur et de paix! Que de fois je me suis dit que j'y reviendrais toute ma vie, et que, lorsque je n'y serais plus, mon souvenir y serait gardé par celle qui, si longtemps après moi, y demeurerait encore! Hélas! si telles étaient mes pensées, quelles devaient être celles de cette mère et de cette aïeule, dont la présence toujours attendue à Lumigny avec tant de joie, apportait dans ce cercle, déjà si complet, le charme de son rare esprit et le mouvement de son intelligence que les années loin de ralentir semblaient toujours accroître? Regardant auprès d'elle cette fille si passionnément aimée entourée de ses enfants et de ses petits-enfants, avec quelle confiance ne se disait-elle pas que, jusqu'à son dernier jour, cette douce vision ne cesserait point de charmer ses regards! Que dire maintenant, et comment oser parler d'elle? N'a-t-on point dit avec raison qu'en présence d'une mère qui a perdu son enfant « il faut s'incli-« ner avec respect et en silence, comme de-« vant la souveraine majesté de la douleur! »

IV

Il y avait plusieurs années déjà que j'avais appris à connaître Claire, lorsque je lui proposai, un jour, de lire un manuscrit où j'avais rassemblé mes plus chers souvenirs, et en particulier ceux qui se rapportaient à la sœur si tendrement aimée dont les enfants étaient devenus les siens. Remettre entre ses mains un tel travail, c'était déjà prouver à quel point je comptais sur sa loyale amitié. Elle l'accepta, le lut avec attention et attendrissement, et ce fut elle (je n'ai pas attendu, cette heure où je lui survis, pour le dire publiquement) ce fut elle qui, la première et avant même que l'idée en eût traversé mon propre esprit, me conseilla et même me demanda avec instance de le publier. Ce conseil, elle ne se borna pas à me le donner en me rendant ces pages et sous la première impression que lui avait causée leur lecture; elle y mit l'insistance et la suite qu'elle apportait à toutes les choses d'où il lui semblait qu'il pouvait résulter un bien quelconque. Pas l'apparence d'un sentiment personnel, pas un instant d'ombrage des souvenirs qui allaient être réveillés ne la firent changer d'opinion. A ceux qui soulevaient les objections de ce genre, elle répondait : « Qu'importe! C'est une belle histoire (c'était là son expression) il faut qu'elle soit connue. » Elle demeura inébranlable, et ce fut elle qui soutint mon courage, lorsque plus tard j'eus à lutter contre d'autres conseils et contre des oppositions que je ne m'attendais pas à rencontrer. Si donc, pendant les douze années écoulées depuis, ses prévisions ont été justifiées, si le *Récit d'une sœur* a trouvé le chemin de quelques âmes, c'est, après Dieu, à elle que je le dois. Car, j'aime à le redire, si alors, au lieu de m'encourager, elle m'eût témoigné le moindre déplaisir de la publication de ce livre, il n'eût jamais vu le jour! Ce souvenir est trop personnel peut-être, mais il manifeste si clairement le généreux oubli d'elle-même, qui était un des traits caractéristiques de Claire, que je n'ai pu l'omettre. C'était là ce qui la rendait si exempte de toute vanité et de toute jalousie féminine, si peu inquiète d'être éclipsée, si empressée à faire valoir l'esprit, la beauté, le talent des autres. Qualités rares et attrayantes! qui non moins que les grandes vertus et, plus qu'elles encore peut-être, contribuent au charme et à la douceur de la vie journalière, en aplanissent les aspérités, et font régner dans l'atmosphère cette sérénité parfaite qui, sans être le bonheur lui-même, peut seule permettre à ceux qui le possèdent d'en jouir pleinement.

V.

Mais je n'aurais pas tout dit sur ces tristes et chers souvenirs du passé, si je ne rappelais ici celui d'une autre demeure qui offrit pendant de longues années l'image d'un bonheur non moins pur et complet que celui de Lumigny. Le comte Étienne de Biron, l'ami d'enfance d'Adrien de Mun, presque son frère, possédait à peu de distance le château de Fontenay, et une amitié non moins ancienne et non moins étroite unissait depuis leur enfance Mme de Biron et Mme de Mun. Ainsi, doucement et heureusement rapprochées, après leurs mariages, leurs deux familles semblaient n'en former qu'une. Peu de jours s'écoulaient sans que l'on ne se vît, et pendant l'automne, une habitude maintenue durant plus de dix ans, les réunissait sous le même toit, d'abord dans l'un, puis dans l'autre des deux châteaux. Les enfants avaient grandi ainsi tous ensemble, et le temps s'était écoulé sans amener aucun grand changement dans la calme et heureuse uniformité de leur vie, lorsque l'effroyable guerre de 1870 vint troubler le bonheur de l'un de ces deux foyers, et briser sans retour celui de l'autre.

L'histoire des événements qui eurent lieu dans ce coin de la France subsiste dans un récit qui a passé de mains en mains[1], et où, à côté des incidents de l'invasion, les enfants de Mme de Mun purent lire plus tard tout ce que leur mère avait été dans cette conjoncture. Lorsque la vie était autour d'elle calme et paisible, elle témoignait quelquefois des appréhensions excessives et des anxiétés sans cause pour ceux qu'elle aimait, mais en face de ces événements redoutables et imprévus, elle fut calme et courageuse autant qu'intelligente, active et résolue. Ses fils partis pour l'armée, ses filles en sûreté hors de France, elle ne songea plus qu'à seconder son mari pour atténuer,

1. *Un Château en Seine-et-Marne*, par le marquis de Mun.

autant que cela était en leur pouvoir, les rigueurs et les souffrances dont la présence d'une armée ennemie allait être l'occasion pour les habitants de Lumigny. Ce fut un de ces moments où, le devoir apparaissant clairement à ses regards, elle ne tint plus compte ni de son caractère porté à l'inquiétude, ni de son tempérament habitué aux ménagements, ni même de ces craintes, d'ordinaire excessives, pour son mari. Près de lui à toute heure, et partageant ses fatigues et ses efforts, elle mit en œuvre pour vaincre les difficultés et écarter les dangers dont ils étaient entourés, toute l'habileté pratique et toute la sagacité dont elle était douée à un degré peu commun. Parlant l'allemand avec une extrême facilité, elle put s'interposer avec utilité entre les paysans et leurs envahisseurs, et plus d'une fois elle désarma ceux-ci par son courage ainsi que par la bonne grâce avec laquelle elle savait plaider, près d'eux, dans leur propre langue, la cause des habitants du pays. Ce dévouement ne fut pas stérile. M. et Mme de Mun eurent l'intime satisfaction d'avoir réussi à diminuer, dans une large proportion, les souffrances du village envahi, et ceux qu'ils avaient si souvent désarmés, furent contraints de rendre hommage à leur dévouement et à leur énergie.

Après tant de transes mortelles et malgré les nombreux nuages qui obscurcissaient encore l'avenir de la France, le jour où, pour la première fois, les membres dispersés de la famille se retrouvèrent tous ensemble, eût été celui d'une joie sans mélange, si cette joie eût pu être ressentie à Fontenay comme à Lumigny. Mais hélas! de ces deux châteaux, jadis séjour d'un bonheur également pur et parfait, le premier venait d'être plongé dans le deuil profond qui, par un funeste retour de ressemblance, les enveloppe aujourd'hui tous les deux! Etienne de Biron avait payé de sa vie le dévouement qui l'avait conduit aux remparts de Paris !...

Au début de la guerre, pour les uns comme pour les autres une seule pensée avait présidé à leurs résolutions : accomplir, dans cette grande épreuve nationale, tout ce que leur prescrirait le devoir. M. de Biron n'avait pas, à Fontenay, les attributions de maire, qui donnaient à M. de Mun l'espoir fondé d'être utile, par sa présence, à la population au milieu de laquelle il demeurait. Il crut donc que c'était à Paris que l'appelaient sa conscience et son patriotisme, et il résolut de s'y rendre pour prendre part à la défense, tandis que Mme de Biron, qui ne voulait pas le quitter, se consacrait aux soins des blessés. Comme leurs amis de Lumigny, ils envoyèrent d'abord leurs filles en lieu de sûreté, puis ils vinrent tranquillement, simplement, héroïquement s'enfermer dans la ville menacée que fuyaient en ce moment presque tous ceux que la nécessité n'obligeait pas à y demeurer. Pendant plus de trois mois ils accomplirent la double tâche qu'ils s'étaient imposée : elle, avec un dévouement, un zèle et un courage que les malades et les blessés secourus par sa douce main, consolés par sa voix plus douce encore pourraient seuls dignement raconter; lui, en échangeant le bien-être de son heureuse et paisible existence pour des fatigues sans proportion avec ses forces, et auxquelles il était impossible que sa santé chancelante pût résister longtemps. En effet, lorsque la rigueur du froid vint s'ajouter au reste, son corps épuisé y succomba, et son âme vaillante et chrétienne alla recevoir sa récompense ! Il avait donné sa vie pour son pays ! Celle qui lui survivait avait donné davantage encore ! Tous deux ils avaient prouvé une fois de plus, et leurs enfants ne l'oublieront pas, que : « La noblesse ne consiste que dans le sentiment raffiné du devoir, dans le courage de l'accomplir, et dans une inébranlable fidélité aux traditions de sa famille, et que celui-là est le plus noble qui sait le mieux y conformer sa vie et sa mort[1]. »

1. Marquis H. Costa de Beauregard.

VI

Ces jours terribles furent cependant suivis pour Mme de Mun de quelques années si heureuses, que Dieu sembla vouloir y accumuler les joies auxquelles elle allait être si soudainement, si cruellement ravie. Elle vit fixer le sort de deux de ses filles selon les vœux de son cœur. Elle vit son fils unique réaliser celui de son âme chrétienne en embrassant le sacerdoce. Elle vit les deux fils qu'elle avait si tendrement adoptés se consacrer à une œuvre civilisatrice et chrétienne, et devenir les promoteurs d'un grand mouvement religieux; elle vit enfin l'un d'eux mériter et obtenir le nom glorieux de champion catholique! Aussi, malgré le douloureux vide creusé près d'eux, malgré la tristesse des événements publics auxquels elle prenait un intérêt ardent, malgré les appréhensions politiques et religieuses que sa vive imagination colorait parfois des teintes les plus sombres, rien n'égalait le mouvement et la vie qu'elle savait faire régner autour d'elle. Jamais le salon de Lumigny n'avait retenti d'animation plus joyeuse ; jamais, d'autre part, le village n'avait offert un plus consolant spectacle. Secondé dans tous ses efforts pour opérer le bien du pays, aidé encore récemment par la fondation d'un cercle catholique d'ouvriers, l'excellent curé de Lumigny avait le droit de se dire que sa paroisse devenait le modèle du canton. La part qu'eut à ce résultat celle qui était l'initiatrice et l'âme de tout ce mouvement, celle qui savait non-seulement agir, mais stimuler et accueillir le zèle et la charité des autres, Dieu seul le sait ! Mais si ce bien accompli fut pour elle une joie et une récompense terrestre qui la suivra au delà de cette vie, il sera, pour ceux qui sont le plus frappés aujourd'hui, une première consolation, et en même temps un puissant mobile pour vivre, pour agir, et pour continuer avec courage les entreprises, les œuvres auxquelles se rattache son souvenir !

Rien ne manquait donc à ce bonheur, doux reflet du devoir accompli, et la destinée de Mme de Mun était bien souvent citée comme un rare exemple de prospérité humaine. En effet, Dieu semblait presque lui épargner les peines légères, les contrariétés, les chagrins ordinaires de la vie, auxquels personne ici-bas n'échappe. Dirai-je cependant qu'elle était parfaitement heureuse? Dirai-je que ce cœur, si rempli des jouissances que peuvent donner les affections les plus légitimes et les plus pures, battait toujours paisiblement et sans angoisses? Dirai-je que rien ne la troublait, que son regard était toujours serein et qu'on n'y lisait jamais la tristesse ni l'inquiétude?...

Ceux qui l'ont bien connue me démentiraient si je l'affirmais. Ils savent que personne, plus qu'elle, n'a souffert de ce tourment inhérent à la terre, dont rien ici-bas ne peut guérir et dont la légèreté seule peut distraire: le tourment de la courte durée de tout ce qui passe, et le tourment, plus grand encore, de la perte, toujours possible, de tout ce qu'on aime! Ah! peut-être est-il bon que ceux qui sont les plus déshérités des biens de ce monde sachent ce que l'on peut souffrir lorsque Dieu ne vous a rien refusé : ils deviendront plus résignés ; et peut-être est-il bon de le dire aussi à ceux qui portent à leurs lèvres cette coupe désirée du bonheur terrestre : ils en seront moins enivrés. Claire de Mun, à l'époque où tout semblait lui sourire et où l'on pouvait dire qu'elle n'avait pas un vœu à former, disait souvent, non pas dans un moment d'abattement passager, mais sérieusement et avec conviction que : « sans la terreur naturelle qui fait redouter la mort, il n'était pas une heure de sa vie où elle eût accepté avec joie d'être hors de ce monde. » Ce sont là des paroles que je lui ai entendu répéter souvent et qui, dans la bouche d'une personne si heureuse, semblent étranges; et cependant elles répondent exactement au besoin de stabilité et d'infini qui est l'inextinguible soif que le bonheur de la terre ne fait qu'exciter, sans pouvoir jamais le satisfaire. Dans le plein soleil, elle sentait l'ombre venir. Proche ou lointaine, elle la savait inévitable, et plus elle était heureuse, plus elle se répétait douloureusement que : *Tout ce qui finit est court.*

Ces paroles tristes à entendre naguère, aujourd'hui qu'elle en a fini avec la vie, aujourd'hui qu'elle a cessé de jouir du bonheur incomplet de la terre, aujourd'hui enfin qu'elle est sortie de la région où tout passe, où tout s'altère, où tout finit, elles me semblent consolantes à redire ! Une secrète inquiétude l'empêchait de jouir des biens dont elle était comblée, mais ce que son âme voulait, cherchait et appelait, elle le possède aujourd'hui ! La sécurité, la durée, la certitude enfin d'une réunion que le temps *seul* (le temps ! qui, vu de l'éternité est si peu de chose !) peut différer, mais que rien ne peut rendre incertaine. *Rien!* car plus que jamais, désormais, ceux qu'elle a aimés seront fidèles, et marcheront d'un pas assuré dans cette route, où les accompagne son influence et son souvenir, et au bout de laquelle elle les attend !

PARIS. — Impr. J. CLAYE. — A. QUANTIN et Cᵉ, rue St-Benoît. [1702]

www.ingramcontent.com/pod-product-compliance
Ingram Content Group UK Ltd.
Pitfield, Milton Keynes, MK11 3LW, UK
UKHW020456230726
13925UKWH00005B/1980